Vito Ruberto

Sistemi organizzativi: tra Dipartimentalizzazione e *Benchmarking*

ISBN   978-1-326-46046-4
© 2015 di Vito Ruberto. Tutti i diritti riservati.

vito.ruberto@unifg.it

Un'appropriata analisi psicologica e del lavoro permette di comprendere come si costruiscono le condotte lavorative (Sarchielli)

Sistemi organizzativi: tra Dipartimentalizzazione e *Benchmarking*

INTRODUZIONE

Col termine evoluzione si intende comunemente una trasformazione lenta che riguarda processi di natura differente, dall'adattamento ambientale a quello di origine culturale e che investe ogni elemento naturale, dal moto degli astri agli esseri viventi, determinando un continuo processo di riadattamento alle condizioni nuove che stimolano un cambiamento nelle componenti di un sistema; essa ha dato vita nel XIX secolo alla corrente scientifica dell'*evoluzionismo* che ha dato il via ai moderni studi antropologici e a tal proposito, scrive, infatti, Pievani: "il segno distintivo dell'evoluzione è l'unità nella diversità[1]".

Questo lento cambiamento e questa tendenza all'unità è, dunque, l'oggetto di studio del presente lavoro di ricerca, nel quale si cerca di indagare i mutamenti normativi e i processi di applicazione delle riforme all'interno di una realtà

---

1 T. Pievani, *La Teoria dell'evoluzione*, Il Mulino, Bologna 2006, p. 12.

aziendale o nello specifico in una universitaria. Il mutamento normativo sviluppatosi a seguito della riforma Gelmini fornisce lo spunto per interessanti riflessioni in seno alla ricerca psicologica nell'ambito delle organizzazioni e del lavoro.

Mediante un percorso integrato che attraversasse l'utilizzo di materiali giuridici e le moderne tecniche di valutazione della qualità sperimentate in campo economico, si è tracciato un percorso di lavoro che fornisca spunti e probabili soluzioni al mutato contesto giuridico e sociale in cui l'Università opera; le mie considerazioni hanno l'obiettivo, pertanto, di comprendere quali meccanismi a livello microscopico e macroscopico si innescano a seguito dei radicali cambiamenti che hanno investito l'Università.

Il volume si articola in una prima parte in cui si affronta L'origine dei moderni sistemi organizzativi a partire dalla teoria classica della Dipartimentalizzazione di Fayol (Capitolo 1), e una seconda parte in cui si chiarisce l'applicabilità del metodo del Benchmarking e si formula un'ipotesi di ricerca (Capitolo 2).

L'ORIGINE DEI MODERNI SISTEMI ORGANIZZATIVI A PARTIRE DALLA TEORIA CLASSICA DELLA DIPARTIMENTALIZZAZIONE DI FAYOL

Apprendimento a violare la conformità alle regole,
a liberarsi dalle abitudini e a prevenire la loro formazione,
a ricostruire le esperienze frammentarie in modelli
precedentemente sconosciuti e nel contempo a considerare
accettabili tutti i modelli solo fino a nuovo avviso...
(Z. Bauman, *La società individualizzata*, 2001)

Negli ultimi decenni le scienze umane hanno mostrato un interesse sempre maggiore per lo studio dei processi di acquisizione dei saperi tecnico-professionali e di quelli psicosociali in un contesto di crisi del mercato del lavoro. Più in generale l'oggetto di studio sono stati i sistemi economici, la loro formazione, il mutamento e la loro decadenza; rispetto a queste contingenze la formazione in quanto attività educativa mira a far emergere nel soggetto, partendo dalle proprie risorse, *l'apprendimento al cambiamento* quale passaggio indispensabile all'acquisizione di nuove competenze e ad un adattamento alla magmatica situazione contemporanea[2].

In virtù di queste considerazioni è possibile affermare che la formazione all'interno di una situazione lavorativa può assumere tre macro-funzioni: 1) <u>la funzione di mantenimento</u> (riduzione del *gap* tra richieste del mondo del lavoro e capacità del soggetto), 2) <u>la funzione di socializzazione</u> (trasmissione di comportamenti, valori e regole relative al contesto lavorativo) e, 3) <u>la funzione motivante</u> (momento di verifica tra aspettative della persona e dell'organizzazione[3]), in relazione alle quali diventa gestibile un

---

2 W. W. Burke e M. Recchioni, *Il cambiamento organizzativo. Teoria e pratica*, Franco Angeli, Milano 2012.
3 Cfr. G. Sarchielli, *Psicologia del lavoro*, Il Mulino, Bologna 2003, pp. 154-155 e E. Knasel, J. Meed e A. Rossetti, *Learn for your life*, Financial Times Prentice Hall, London 2000, trad. it. *Apprendere sempre,* Raffaello cortina editore, Milano 2002.

sistema-lavoro caratterizzato da uno *status* di continua incertezza e mutevolezza.

In quest'ottica illuminanti sono le parole di Gregory Bateson[4] che individua nella formazione la strada privilegiata per il cambiamento[5], attraverso un processo definito di **disapprendimento**: il soggetto, infatti, deve

---

4 La teoria è enunciata nel volume G. Bateson, *Verso un'ecologia della mente*, Adelphi, Milano 1977.

5 Scrive Z. Bauman nel capitolo intitolato *L'istruzione nell'età postmoderna*, in *La società individualizzata*, Il Mulino, Bologna 2001, p. 159: «tutti i punti di riferimento che davano solidità al mondo e favorivano la logica nella selezione delle strategie di vita (i posti di lavoro, le capacità, i legami personali, i modelli di convenienza e decoro, i concetti di salute e malattia, i valori che si pensava andassero coltivati e i modi collaudati per farlo), tutti questi e molti altri punti di riferimento un tempo stabili sembrano in piena trasformazione. Si ha la sensazione che vengano giocati molti giochi contemporaneamente, e che durante il gioco cambino le regole di ciascuno. Questa nostra epoca eccelle nello smantellare le strutture e nel liquefare i modelli, ogni tipo di struttura e ogni tipo di modello, con casualità e senza preavviso», e a pag. 160: «il successo nella vita di uomini e donne postmoderni dipende dalla velocità con cui riescono a sbarazzarsi di vecchie abitudini piuttosto che da quella con cui ne acquisiscono di nuove. La cosa migliore è non preoccuparsi di costruire modelli; il tipo di abitudine acquisito con l'apprendimento terziario consiste nel fare a meno delle abitudini», cfr., inoltre, P. Watzlawick, *Il linguaggio del cambiamento*, La Feltrinelli, Milano 2007.

liberarsi delle rappresentazioni mentali consolidate e apprendere nuove costruzioni che sostituiscano del tutto o in parte le rappresentazioni precedentemente possedute[6]. È la formazione, dunque, ha fornire gli strumenti per gestire il cambiamento in tutte le sue molteplici sfaccettature.

La **scuola classica dell'amministrazione,** o altrimenti definita della **dipartimentalizzazione** sviluppatasi negli anni '50 a partire dalle riflessioni di Fayol[7], individua sei obiettivi fondamentali intrinseci a qualsiasi organizzazione aziendale o, per essere più precisi, sei aree da sviluppare per raggiungere il successo organizzativo: un'area tecnica, commerciale, finanziaria, della sicurezza, della contabilità e una direttiva. Fayol, nella sua analisi, sostiene che fra tutte le funzioni elencate quella che deve essere maggiormente sviluppata è proprio quella direttiva in quanto chiave del successo di ogni organizzazione. In quest'ottica egli ritiene che da essa discendano le pratiche e i comportamenti indispensabili alla sopravvivenza di qualsiasi economia aziendale, ad esempio la ripartizione del

---

6 G. Bateson, *Verso un'ecologia...op. cit.*, p. 47.
7 H. Fayol, *Direzione industriale e generale*, Angeli, Milano 1968.

lavoro, l'unità di direzione, la gerarchia, la subordinazione dell'interesse particolare rispetto a quello generale[8]... ecc.

È pur vero che l'analisi di Fayol rispecchia una struttura aziendale privata, ma tali riflessioni sono state così precipue da essere ancora oggi punto di riferimento per sociologi e psicologi del lavoro per elaborazione di nuovi schemi di lettura. Secondo tale lettura, pertanto, il modello da seguire per le strutture è quello dello *line and staff* (strutturato su unità organizzative). Tale unità

---

8 Cfr. F. Fontana, *Il sistema organizzativo aziendale*, Franco Angeli, Milano 1999, p. 25: «Fayol si sforza, quindi, di delineare un insieme di principi e di elementi che possano contribuire alla costruzione di una teoria generale della direzione, partendo dal presupposto che le capacità direzionali possano essere apprese e approfondite attraverso l'insegnamento, se esiste una disciplina che raccoglie organicamente le conoscenze sul processo direzionale [...]. La divisione del lavoro nasce dall'esigenza di ottimizzare l'utilizzazione delle limitate capacità dell'uomo ed ha come conseguenza la specializzazione delle funzioni e la separazione dei poteri. La specializzazione e la divisione del lavoro, sebbene necessarie per sostenere il progresso tecnologico, non possono andare oltre certi limiti, al di là dei quali diventa difficoltoso il coordinamento e si verificano sprechi di risorse. L'unità di comando (una persona deve ricevere ordini da un solo capo) e l'unità di direzione (un solo capo, un solo programma) sono indispensabili per evitare disfunzioni nel processo direttivo e turbamenti nei subordinati».

organizzative di staff devono comprendere al loro interno il supporto e l'assistenza alla direzione, l'effettuazione di studi e lo svolgimento di attività innovative. L'*efficacy* – categoria regolativa di questo modello – di questa struttura si manifesta nella capacità di risolvere i conflitti fra le unità funzionali e quelle operative. Straordinariamente moderno è da parte di Fayol l'uso degli organigrammi, impiegati nella fase progettuale e di gestione delle strutture quali strumenti per monitorare gli elementi costitutivi e l'evoluzione delle organizzazioni.

Concentrando l'attenzione sulla gestione delle risorse umane Fayol evidenza l'importanza e la necessità di alcune figure dirigenziali: il **capo** (si intende qui il Direttore generale in azienda) deve necessariamente avere una conoscenza diretta del personale da gestire; alla stessa maniera il **coordinamento** (rappresentato da figure direttamente dipendenti dal capo) è un'attività gestita da figure di elevate professionalità in grado di armonizzare tutte le attività di un'impresa e facilitare il raggiungimento di determinati obiettivi.

I sostenitori di un approccio razionale considerano modernissime le intuizioni di Fayol che individua quali strumenti del coordinamento le riunioni settimanali, gli agenti di collegamento (come egli stesso li definisce) e, infine, il controllo degli ordini impartiti[9]. Essenziale - concludendo la disamina dei punti locali di questa teoria Fayol, propedeutici alle mie successive riflessioni-, è ciò che Fayol considera come funzionale alla ottima realizzazione del lavoro: **la divisione del lavoro**. La divisione del lavoro, è indispensabile all'esistenza dell'organizzazione stessa, la quale rappresenta il presupposto necessario per un alto grado di specializzazione e per superare i limiti della razionalità umana. Egli stesso, però, aggiunge che un'estrema divisione del lavoro è deleteria all'organizzazione stessa, in quanto produce disorganicità e scarsa motivazione per il raggiungimento degli obiettivi proposti.

---

9 M. Depolo e G. Sarchielli, *Psicologia dell'organizzazione*, Il Mulino, Bologna 1991 p. 37.

IL METODO DEL *BENCHMARKING*:

UN'IPOTESI DI RICERCA

Il metodo del *Benchmarking* nasce a partire dall'applicazione di tecniche sviluppate dal movimento per la Qualità introdotte in ambito economico-aziendale che negli anni Ottanta e Novanta furono codificate in una vera e propria metodologia oggi ampiamente condivisa in gran parte dei sistemi di valutazione[10]. L'idea di fondo è quella di parametrare le *performance* di un'azienda o di una divisione rispetto a quella di altre aziende o di altre divisioni, prese come punti

---

10 Cfr. G. Scozzese, *Il Benchmarking*, Armando editore, Roma 2005, p. 17.

di riferimento, creando un sistema di valutazione basato su scale di valori non standardizzate.

Il *benchmarking* implica, pertanto, uno studio dettagliato della produttività, della qualità e del valore in aree e attività differenti, in relazione alla *performance* di qualche altro soggetto. Tutto ciò si basa su un'idea molto semplice: se volete migliorare un particolare aspetto della vostra organizzazione o del servizio da essa fornito, trovate altri soggetti reputati di grande abilità nell'attività che desiderate migliorare e servitevene come punto di riferimento, rispetto al quale aumentare i vostri standard. Si tratta, in effetti, di un modo per migliorare la *performance* in auto-apprendimento o per imitazione[11].

In quest'ottica può essere considerato uno strumento principe della valutazione della Qualità perché, puntando al miglioramento continuo, si configura come strumento di valorizzazione che porta chi lo utilizza a migliorare imparando dagli altri. In realtà, questa pratica non è totalmente nuova, in quanto le aziende si erano sempre spiate soprattutto a ridosso della seconda guerra mondiale, anche attraverso momenti di diffidenza

---

11 M. Solbiati, *Il Benchmarking per l'attività di formazione*, in "Amministrazione & Finanza" 10 (1995), pp. 561-564.

reciproca; solo successivamente in clima di distensione internazionale, questo modello può essere inseguito, emergendo da più parti la necessità di convivenza e di integrazione[12].

In generale, il procedimento tipico prevede la raccolta e la costruzione di un database contenente gli indicatori di *performance* attinenti al caso in esame, attingendo i dati da attività affini svolte in altre parti dell'azienda e in altre aziende. Le informazioni così ottenute vengono poi utilizzate per confrontare le prestazioni dell'unità che si sta analizzando con il ventaglio di esperienze fatte altrove. Questo procedimento nasce in ambito aziendale e verrà poi trasferito a partire dagli anni novanta nelle pubbliche amministrazioni per essere, inoltre, impiegato in maniera massiccia a partire dal 2000 nei sistemi di valutazione delle Università[13].

Nel *benchmarking*, nello specifico, si possono utilizzare tre tecniche differenti: 1) *tecnica della*

---

12 Il *benchmarking* vero e proprio, però, nasce verso la fine degli anni '70 - inizio anni '80 quando Xerox e le prime grandi imprese iniziarono a sviluppare la disciplina del confronto, uscendo dai limiti del settore di appartenenza, cfr. G. Scozzese, *Il Benchmarking... op.cit.*, p. 10.
13 G. Catalano, *La valutazione delle attività amministrative delle Università: Il Progetto "Good Practices"*, Il Mulino, Bologna 2002, pp.7 e sgg.

prassi migliore: questa tecnica, utilizzata con successo negli ultimi quindici anni, prevede il confronto per unità all'interno dell'azienda. Generalmente, questa *best demonstrated practice*, dà luogo a risultati molto divergenti che, in parte, possono essere spiegati dalla mancanza di confrontabilità, o gli errori sono imputabili all'utilizzo in certe aziende di tecniche superiori o semplicemente alla maggiore efficienza in una delle localizzazioni. Quest'ultima può essere presa come parametro di riferimento per elevare le prestazioni in tutte le altre, rispetto ad una azienda-modello; 2) *posizione relativa di costo*: l'analisi RCP (abr. *relative cost position*) prende in considerazione ciascun elemento della struttura dei costi per euro di fatturato dell'azienda X confrontato con lo stesso elemento nell'azienda concorrente Y. Una buona analisi RCP è difficile da fare ma è molto valida, tanto per la sua capacità di indagine delle strategie dei concorrenti quanto per la riduzione dei costi e, 3) *miglior prassi affine* (*best related practice*): è una tecnica simile alla BDP (la prima tecnica esposta), ma in questo caso il paragone viene fatto con aziende collegate (generalmente non concorrenti), nelle quali i confronti diretti si possono effettuare attraverso la collaborazione fra imprese per raccogliere e confrontare i dati[14]. Quest'ultima tecnica viene privilegiata nei sistemi di valutazione delle Università. Gli enti che effettuano il *benchmarking* con serietà e impegno si avvalgono di una rete di *partner* sia all'interno dell'organizzazione sia all'esterno, in relazione ad un'ampia gamma di attività.

Generalmente, il *benchmarking* applicato al mondo universitario si attua attraverso le attività seguenti:

• determinare i perfezionamenti che apporterebbero un importante contributo alla competitività;

• identificare altre organizzazioni, o unità di business, caratterizzate da *performance* di livello superiore nell'area che interessa;

• contattare le organizzazioni individuate, allo scopo di formare alleanze per il *benchmarking*, consentendo così lo studio dei processi interni;

• determinare elementi significativi per la valutazione delle performance (parametri o *bench mark*);

---

[14] S. Beretta, A. Dossi, G. Meloni e F. Miroglio, *Il benchmarking dei processi amministrativi*, Egea, Milano 1999, p. 17.

- stabilire nuovi obiettivi nelle aree principali, sulla base di quelli osservati nelle organizzazioni di riferimento;

- applicare la *best practice* delle organizzazioni di riferimento per conseguire e, se possibile, superare, i nuovi obiettivi.

Pertanto, tale tipologia di valutazione della qualità dei sistemi economici, se opportunamente orientata, può come è stato ampiamente dimostrato[15], essere uno strumento di cambiamento utile per le strutturazioni e le re-strutturazioni amministrative, gestionali e organizzative.

---

[15] R. Ravagnani , *E' possibile fare benchmarking sulle risorse umane?*, in "Sviluppo & Organizzazione" 164 (1997), pp. 95-100.

BIBLIOGRAFIA ESSENZIALE

Accornero A., *Il lavoro come ideologia*, Il Mulino, Bologna 1980.

Accornero A., *Era il secolo del lavoro*, Il Mulino, Bologna 2000.

Amerio P. e Quaglino G. P., *Il gruppo: realtà e rappresentazione*, Book Store, Roma 1979.

Arcuri L. *Manuale di psicologia sociale*, Il Mulino, Bologna 1995.

Avallone F., *Psicologia del lavoro*, Carocci, Roma 1994.

Ajzen I. e Madden J. T., *Prediction of goal-directed behavior: Attitudes, intentions and perceived behavioral control*, in "Journal of Experimental Social Psychology" 63 (1986), pp. 11-18.

Bateson G., *Verso un'ecologia della mente*, Adelphi, Milano 1977.

Bauman Z., *La società individualizzata*, Il Mulino, Bologna 2001.

Beretta. S, Dossi A., Meloni G. e Miroglio F., *Il benchmarking dei processi amministrativi*, Egea, Milano 1999.

Boccia P., *Psicologia 2*, Simone, Milano 2012.

Burke W. W. e Recchioni M., *Il cambiamento organizzativo. Teoria e pratica*, Franco Angeli, Milano 2012.

Capano G., *L'Università in Italia*, Il Mulino, Bologna 2000.

Catalano G., *La valutazione delle attività amministrative delle Università: Il Progetto "Good Practices"*, Il Mulino, Bologna 2002.

Catalano G., *Valutare le attività amministrative delle Università. Aspetti metodologici e buone pratiche*, Il Mulino, Bologna 2004.

Colasanto M. e Zucchetti E., *Mobilità e transizioni nei mercati del lavoro locali*, FrancoAngeli, Milano 2008.

Corona G. L., *Rilievi sulla organizzazione e sul funzionamento dell'Università*, Pavia 2006.

Crozier M. e Friedberg E., *Attore sociale e sistema. Sociologia dell'azione organizzata*, Etas Libri, Milano 1978.

Depolo M. e Sarchielli G., *Psicologia dell'organizzazione*, Il Mulino, Bologna 1991.

Fanizza F., *Il vuoto al centro. Città Politica Comunicazione*, Cacucci editore, Bari 2011.

Fayol H., *Direzione industriale e generale*, Angeli, Milano 1968.

Festinger L., *Architecture and group membership*, in "Journal of Social Issues" 7 (1951), pp. 152-163.

Festinger L., *Architecture and group membership*, in "Journal of Social Issues" 7 (1951), pp. 152-163.

Festinger L., *A theory of social comparison processes*, in "Human Relations" 7 (1954), pp. 117-140.

Fontana F., *Il sistema organizzativo aziendale*, Franco Angeli, Milano 1999.

Giddens A., *La costituzione della società*, Comunità, Milano 1990.

Hollander E. P. e Offermann L. R., *Power and leadership in organization, relationship in transition*, in "American Psychologist" 45 (1990), pp. 179-189.

Janis I. L., *Crucial decisions: leadership in policymaking and crisis management*, Free Press, New York 1989.

Janis I. L., *Victims of groupthink; a psychological study of foreign-policy decisions and fiascoes*, Houghton Mifflin, Boston 1972.

Janis I. L., *Crucial Dimensions*, Free Press, New York 1989, trad. It. *Scelte Cruciali*, Giunti, Firenze 1992.

Knasel E., Meed J. e Rossetti A., *Learn for your life*, Financial Times Prentice Hall, London 2000, trad. it. *Apprendere sempre*, Raffaello Cortina editore, Milano 2002.

Kotter J. P., *What leaders really do?*, in "Harvard Business Review" 68 (1990), pp. 193-211.

L'Abate A., *Consenso conflitto e mutamento sociale*, Angeli, Milano 1990.

Leyens J. P., Perez A. R., Torres R. R., Gaunt R., Paladino M. P., Vaes J. e Demoulin S., *Psychological essentialism and the differential attribution of uniquely human emotions to ingroups and outgroups*, in "European journal of social psychology" 31 (2001), pp. 395-411.

Lewin K., *Field Theory in social Science*, Harper & Row, New York 1951, trad. It. *Teoria e sperimentazione in psicologia sociale*, Il Mulino, Bologna 1972.

Milgram S., *Obedience to authority: an experimental view*, Harper & Row, New York 1974.

Moscovici S. e Doise W., *Dissensi e consensi. Una teoria generale delle decisioni collettive*, Il Mulino, Bologna 1992.

Moscovici S., *Le Rappresentazioni sociali*, Il Mulino, Bologna 2005.

Palmonari A., *L'interazione nei gruppi*, in Arcuri L. (a cura di) *Manuale di psicologia sociale*, Il Mulino, Bologna 1995, pp. 365-424.

Pievani T., *La Teoria dell'evoluzione*, Il Mulino, Bologna 2006.

Ravagnani R., *E' possibile fare benchmarking sulle risorse umane?*, in "Sviluppo & Organizzazione" 164 (1997), pp. 95-100.

Sarchielli G., *Psicologia del lavoro*, Il Mulino, Bologna 2003.

Scozzese G., *Il Benchmarking*, Armando editore, Roma 2005.

Solbiari M., *Il Benchmarking per l'attività di formazione*, in "Amministrazione & Finanza" 10 (1995), pp. 561-564.

Speltini G. e Palmonari A., *I gruppi sociali*, Il Mulino, Bologna 1995.

Steiner I. D., *Group Processor and Productivity*, Academic Press, New York 1972.

Watzlawick P., *Il linguaggio del cambiamento*, Feltrinelli, Milano 2007.

Zaleznik A., *Managers and leaders: Are they different?*, in "Harvard Business Review" 70 (1992), pp. 126-135.

INDICE

Finito di stampare nel mese di novembre 2015
presso Lulu press